Disney Prinzessin
ARIELLE ❀ DIE MEERJUNGFRAU

Das große Buch
mit den besten Geschichten

© 2019 Disney Enterprises Inc.
Alle Rechte vorbehalten.
Die deutsche Ausgabe erscheint bei:
Carlsen Verlag, Völckersstraße 14–20, 22765 Hamburg
Lektorat: Lisa Oberbörsch (awendrich grafix)
Gestaltung und Satz: awendrich grafix, Hamburg
Herstellung: Steffen Bollermann

Inhalt

Die Geschichte von Arielle 8

Die Geister-Lichter 41

Der Gesang der Wale 57

Eine Hai-Überraschung 71

Die Suche nach der lila Perle 89

Ein königliches Fohlen 107

Arielles Nachtlichter 129

Die Geschichte von Arielle

In den Tiefen des Ozeans strömten die Meeresbewohner zu König Tritons Schloss. Seine jüngste Tochter Arielle würde heute zum ersten Mal in einem Konzert singen. Diesen besonderen Auftritt wollte natürlich niemand verpassen.

Nachdem sich der große Saal bis zum Bersten gefüllt hatte, nahm auch König Triton seinen Platz ein. Hofdirigent Sebastian schwang seinen Taktstock und das Orchester begann zu spielen.

Endlich kam Arielles Auftritt an die Reihe. Doch als sich ihre Muschel öffnete, saß die Prinzessin nicht darin!

Arielle hatte das Konzert schlicht vergessen. Viele Meilen vom Schloss entfernt durchstöberte sie ein Schiffswrack nach Schätzen aus der Menschenwelt. Ihr Freund Fabius begleitete sie nervös. Er fürchtete sich vor den gefährlichen Raubfischen hier in der Gegend.

„Schau nur! Ist das nicht entzückend? Hast du schon mal etwas so Schönes gesehen?", rief Arielle und hielt eine silberne Gabel hoch.

„Ja, ganz toll", sagte Fabius. „Aber jetzt lass uns hier verschwinden."

Arielle und Fabius schwammen zur Wasseroberfläche. Dort trafen sie ihren Freund Scuttle. Die Möwe wusste alles über die Menschenwelt – behauptete sie jedenfalls.

Scuttle untersuchte Arielles Gabel. „Das ist ein Dingelhopper", erklärte er. „Menschen kämmen sich damit die Haare."

In dem Moment fiel Arielle das Konzert wieder ein. „Mein Vater wird mich umbringen!", rief sie erschrocken aus.

In einer finsteren Höhle saß derweil die Meereshexe Ursula und beobachtete in ihrer Zauberkugel, wie Arielle zum Palast zurückeilte.

„Dieses Mädchen wird Tritons Untergang sein", sagte sie böse kichernd.

Als König Triton erfuhr, dass Arielle ihren Auftritt versäumt hatte, weil sie in dem Wrack und an der Oberfläche gewesen war, wurde er sehr zornig. Er hielt die Menschen für gefährlich und wollte seine Tochter vor ihnen beschützen.

„Du wirst nie wieder nach oben schwimmen!", befahl er streng.

Außerdem befahl Triton Sebastian, ein Auge auf Arielle zu haben.

Sebastian folgte Arielle zu einer versteckten Grotte, in der sie all ihre Fundstücke aus der Menschenwelt aufbewahrte.

„Ach Fabius, ich wäre so gern eine von ihnen", sagte sie zu ihrem treuen Freund.

Sebastian erschrak, als er das hörte.

Tritons Hofmusikant versuchte Arielle zur Vernunft zu bringen, doch sie hörte nicht auf ihn. Bevor er sie aufhalten konnte, schwamm sie wieder zur Meeresoberfläche und ließ sich auf den Wellen treiben. Ein großes Schiff segelte gerade vorbei.

Arielle schaute durch eine Luke in der Schiffswand auf das Deck. Dort erblickte sie Prinz Eric. Sein Freund Sir Grimsby hatte gerade eine neue Statue von ihm enthüllt und Eric lächelte verlegen. Arielle konnte ihre Augen nicht von dem jungen Prinzen abwenden.

Scuttle flog vorbei, entdeckte Arielle und ließ sich neben ihr nieder. „Er ist wirklich hübsch, findest du nicht?", fragte Arielle die Möwe.

Plötzlich krachte ein lauter Donnerschlag. Ein Sturm war aufgezogen und Blitze zuckten über den Himmel. Einer von ihnen traf das Schiff und setzte es in Brand! Gewaltige Wellen warfen es hin und her. Entsetzt musste Arielle mit ansehen, wie Eric über Bord gespült wurde und ins Meer fiel.

Sogleich tauchte Arielle nach. Als sie den bewusstlosen Prinzen endlich fand, zog sie ihn schnell an die Oberfläche. Sie wusste, dass sie Eric an Land bringen musste. Doch die Strömung war stark und Arielle brauchte all ihre Kraft dafür.

Während Scuttle nach Erics Herzschlag suchte, sang Arielle mit ihrer schönen, klaren Stimme für ihn. Erst als sie Menschen näher kommen hörte, sprang sie schnell ins Meer zurück.

In dem Moment erwachte der Prinz. Arielle war nicht mehr zu sehen, doch ihre wunderschöne Stimme würde er niemals vergessen.

Arielle hatte sich verliebt. Sie musste immerzu an Eric denken. Seine Statue war in dem Sturm versunken und stand nun in Arielles Grotte. König Triton bemerkte Arielles seltsames Verhalten und befragte Sebastian danach. Da führte die Krabbe den König zu Arielles Versteck.

Als er sah, dass seine Tochter sich ausgerechnet in einen Menschen verguckt hatte, rief Triton aufgebracht: „Jeder Kontakt zwischen uns und der Menschenwelt ist verboten!"

„Aber Papa, ich liebe ihn!", sagte Arielle.

„Du hast mich wohl nicht verstanden!", tobte Triton und hob seinen Dreizack. „Dann muss ich eben noch deutlicher werden!"

Lichtblitze zuckten durch die Grotte, als Triton Erics Statue zusammen mit Arielles anderen Schätzen zerstörte.

Schluchzend blieb Arielle inmitten der Trümmer zurück.

Da schlängelten sich zwei Muränen aus den Schatten auf sie zu. „Armes Kind", zischten sie. „Die Meereshexe kann dir helfen. Sie erfüllt dir all deine Wünsche."

Obwohl Arielle sich fürchtete, folgte sie den Muränen zu Ursulas Höhle.

„Komm nur herein!", rief die Meereshexe mit einem falschen Lächeln.

Ursula bot Arielle an, sie in einen Menschen zu verwandeln. Doch im Austausch musste Arielle ihre Stimme hergeben.

„Und dein Prinz muss dich vor Sonnenuntergang des dritten Tages geküsst haben. Sonst verwandelst du dich in eine Meerjungfrau zurück und gehörst auf ewig mir!", sagte Ursula.

Arielle bekam große Angst. Trotzdem zögerte sie nicht lange und unterschrieb den Vertrag.

„Jetzt sing!", befahl Ursula.

Da flutete Arielles Stimme aus ihr heraus und die Meereshexe sperrte sie in eine Muschel ein. Arielle verwandelte sich, ihr Fischschwanz verschwand und stattdessen wuchsen ihr zwei Beine.

Fabius und Sebastian halfen Arielle an Land zu schwimmen. Dort bewunderte sie begeistert ihre Beine. Sebastian aber sorgte sich sehr um Arielle. Er versprach ihr zusammen mit ihren anderen Freunden in der Menschenwelt zur Seite zu stehen.

Gerade als Arielles Freunde sie in ein altes Segel wickelten, kamen der Prinz und sein Hund vorbei. „Wir kennen uns doch …", sagte Eric und schaute ihr in die Augen. Er fragte sich, ob es Arielle war, die für ihn gesungen hatte? Aber dann stellte er fest, dass Arielle stumm war. Sie konnte also nicht das Mädchen sein, das er suchte.

Eric brachte Arielle in sein Schloss, wo die freundlichen Diener sich um sie kümmerten. Der Prinz staunte über Arielles Schönheit, als sie in einem Ballkleid zum Essen erschien – und darüber, dass sie sich mit einer Gabel die Haare kämmte.

Der treue Sebastian ließ Arielle inzwischen keinen Moment aus den Augen und versteckte sich auf ihrem Teller.

Am nächsten Tag zeigte Prinz Eric Arielle sein Königreich. Sie roch den Duft von Blumen, kostete die verschiedensten Leckereien und tanzte zum ersten Mal in ihrem Leben.

Erics Welt war wundervoll und sie war nun ein Teil davon. Aber noch hatte ihr Prinz sie nicht geküsst und Arielle blieb nur ein weiterer Tag.

Am Abend ruderte Eric mit Arielle auf eine Lagune hinaus. Sebastian dirigierte ein Liebeslied für das Paar und der Prinz griff nach Arielles Hand.

Die beiden wollten sich gerade küssen, als das Boot umgeworfen wurde und sie ins Wasser fielen. Ursula hatte ihre beiden Muränen ausgeschickt, um den Kuss zu verhindern!

Die Meereshexe hatte durch die Augen ihrer Muränen alles beobachtet. „Das war viel zu knapp!", sagte sie mit zischender Stimme. „Es wird Zeit, dass ich etwas unternehme."

Damit verwandelte Ursula sich in eine schöne junge Frau. Sie gab sich den Namen Vanessa, hängte sich die Muschel mit Arielles Stimme um den Hals und machte sich auf den Weg zu Eric.

Als Arielle am nächsten Morgen aus ihrem Zimmer kam, sah sie Eric mit einer Fremden im Saal stehen. Der Prinz verkündete gerade, dass er Vanessa noch heute heiraten wollte.

Arielle brach das Herz vor Kummer. Sie hatte ihre wahre Liebe verloren und würde nun für immer Ursulas Gefangene sein.

Hilflos musste sie zusehen, wie das Hochzeitsschiff bei Sonnenuntergang den Hafen verließ.

In ihrer Schiffskabine stieß Ursula ein teuflisches Lachen aus. Es war ihr gelungen, den Prinzen mithilfe von Arielles Stimme zu täuschen und mit einem Zauberbann zu belegen. Nun würde sie bald über den gesamten Ozean herrschen!

Die Hexe bemerkte nicht, dass Scuttle zum Fenster hereinschaute. Die Möwe hatte alles mit angehört und im Spiegel Vanessas wahres Aussehen erblickt.

Schnell flog Scuttle zurück zu Arielle. Er erzählte ihr, dass Eric dabei war, die Meereshexe zu heiraten! Ursula hatte sich bloß als schöne junge Frau getarnt.

Arielle und ihre Freunde schwammen sofort zu dem Schiff hinaus, um die Hochzeit zu verhindern. Doch bis zum Sonnenuntergang blieb ihnen nicht viel Zeit. Und danach wäre es zu spät für Arielle.

Als Arielle das Schiff erreichte, hatte die Hochzeitszeremonie bereits begonnen.

Wie ein Schlafwandler stand Eric vor dem Geistlichen. Vanessa dagegen lächelte böse. Alles lief genau nach ihrem Plan. Gleich würde Arielle auf ewig ihr gehören!

Doch genau als Vanessa ihr Gelübde ablegen wollte, kamen Arielle all die Tiere zu Hilfe, die ihre Freunde zusammengetrommelt hatten. Scuttle gelang es, die Muschel von Vanessas Hals zu reißen, und er schmetterte sie zu Boden. Da zersprang das Gehäuse und Arielles Stimme strömte in sie zurück.

„Eric!", konnte sie endlich sagen.

In dem Moment brach der Bann und der Prinz kam wieder zu sich. „Du bist es!", rief er aus.

„Zu spät!", kreischte Ursula, denn in dem Moment versank die Sonne am Horizont.

Arielle verwandelte sich in eine Meerjungfrau zurück und auch Ursula nahm wieder ihr wahres Aussehen an. Dann packte die Meereshexe Arielle und zog sie mit sich in den Ozean hinab.

„Ich werde dich nicht noch einmal verlieren!", rief Eric und sprang hinterher.

Unter Wasser erschien König Triton vor der Meereshexe. „Lass sie gehen, Ursula!", forderte er.

„Sie gehört jetzt mir", erwiderte Ursula und zeigte ihm den magischen Vertrag mit Arielles Unterschrift. „Wir haben eine Abmachung getroffen – aber ich könnte mich auf einen Austausch einlassen …"

Um seine geliebte Tochter zu retten, willigte Triton ein an Arielles Stelle zu treten. Nun würde er für immer Ursulas Sklave sein.

Die Meereshexe riss Tritons Dreizack an sich und peitschte das Wasser damit auf. Ein gewaltiger Strudel bildete sich. „Jetzt herrsche ich über den gesamten Ozean!", kreischte Ursula triumphierend.

Arielle und Eric schauten entsetzt zu, wie die Meereshexe immer größer wurde.

Ursula wuchs und wuchs, bis sie weit über dem Meer aufragte.
 „Sag deiner Liebsten Lebwohl!", schrie sie und schleuderte Blitze auf Eric.
 Da sah der Prinz ein altes Schiffswrack durch den Strudel wirbeln. Er kletterte an Deck und steuerte genau auf die Meereshexe zu. Gerade als sie mit dem glühenden Dreizack auf Eric zielte, durchbohrte der Schiffsmast ihr Herz.

Da versank die Meereshexe in den Tiefen des Ozeans, ihre Macht war gebrochen. König Triton und all die anderen armen Geschöpfe, die Ursula verhext hatte, waren endlich wieder frei.

Doch Arielle war nun wieder eine Meerjungfrau und Eric würde für immer ein Mensch bleiben. Sehnsüchtig schaute Arielle zu ihrem geliebten Prinzen am Ufer hinüber.

König Triton sah seine Tochter an und seufzte. Dann hob er seinen Dreizack und gab Arielle ihre Menschengestalt zurück. Er lächelte wehmütig, als sie aus dem Wasser stieg und Eric umarmte.

Einige Zeit später heirateten Arielle und Prinz Eric. Arielles Freunde und Familie sahen zu und freuten sich mit ihr.

So wurde die kleine Meerjungfrau doch noch Teil der Menschenwelt, nach der sie sich so gesehnt hatte. Und dort lebte sie glücklich bis an ihr Ende.

Die Geister-Lichter

Spät eines Nachts wurde Arielle von einem Husten geweckt. Ihre Schwester Andrina war krank.

Arielle schwamm zu ihrer Schwester. „Kann ich etwas tun, um dir zu helfen?", fragte sie leise, um die anderen nicht zu wecken. „Soll ich dir etwas Nachtlilien-Tee bringen?"

Jeder wusste, dass frisch gepflückte Nachtlilie das beste Heilmittel gegen eine Erkältung war.

„Das geht nicht", sagte Andrina krächzend. „Der Doktor hat schon seit Tagen keine Nachtlilien sammeln können … Man sagt, die Blumen werden bewacht … von einem Geist!"

Arielle hatte keine Angst vor Geistern. Ihre Schwester brauchte diese Medizin und sie würde sie ihr besorgen!

Sie schlich sich aus dem Raum und suchte Fabius. Gemeinsam machten sie sich auf den Weg, um die Nachtlilien zu finden.

Als sie den Rand des Königreichs erreichten, sahen die beiden eine Gruppe Wachen, die hinaus in den dunklen Ozean blickten.

„Wo sehen die hin?", fragte Fabius.

„Schh, sie hören dich noch!", flüsterte Arielle.

Arielle durfte das Königreich nachts nicht verlassen. Wenn die Wachen sie sahen, würden sie sie wieder heimschicken.

Auf einmal bewegte sich eine Gruppe kleiner, blauer Lichter in der Dunkelheit!

„Da sind sie", sagte eine der Wachen.

„Die Geister-Lichter! Lasst uns nachsehen", schlug ein anderer vor.

„Nein, kommt den Geister-Lichtern niemals zu nah!", sagte die erste Wache. „Sie werden dich dazu bringen, ihnen zu folgen, und du wirst dich für immer verirren."

„Hörst du das?", flüsterte Fabius. „Vielleicht sollten wir zurückschwimmen."

Arielle schüttelte entschieden den Kopf. „Sei nicht so ein Feigling", sagte sie. „Andrina braucht uns!"

Arielle zog Fabius an der Schwanzflosse mit sich und sie schlichen sich an den Wachen vorbei.

Die Lichter hüpften und tanzten, als sie näher kamen.

„Was denkst du, was das ist?", fragte Fabius. „Ist es ein Oktopus?" Die Lichter bewegten sich und änderten die Form. „Es ist ein Hai!", schrie Fabius. Der kleine Fisch verdeckte seine Augen mit seinen Flossen.

Arielle lachte. „Sei nicht töricht. Haie leuchten nicht im Dunkeln! Aber hier geht definitiv etwas Seltsames vor sich. Komm, lass uns genauer nachsehen."

Als sie sich den Lichtern näherten, sahen Arielle und Fabius, dass es nicht eine große Kreatur war, sondern ein ganzer Schwarm Fische. Jeder von ihnen war mit leuchtenden, blauen Punkten bedeckt. Und unter ihnen lag ein Beet Nachtlilien!

„Da sind sie!", rief Arielle. „Komm, holen wir sie und schwimmen nach Hause."

Arielle und Fabius schlichen zu den Blumen, als ein Fisch auf sie zuschwamm. „Könnt ihr uns helfen?", weinte er.

„Wirst du uns dazu bringen, dir zu folgen?", fragte Fabius den Fisch mit zitternder Stimme. „Wir wollen uns nicht für immer verirren!"

„Was?", fragte der Fisch. „Wir haben uns verirrt. Wir sind leuchtende Krötenfische. Wir gehören an die Küste. Wir haben versucht und versucht den Weg zurück zu finden aber wir landen immer wieder bei diesen Blumen."

Arielle sah den leuchtenden, blauen Fisch an und dann die leuchtenden, blauen Blumen.

„Ich weiß, wie ich helfen kann", sagte sie. „Folgt mir."

Arielle, Fabius und der Fischschwarm schwammen hoch an die Meeresoberfläche.

„Von weit entfernt sehen die Nachtlilien so aus wie ihr", erklärte Arielle. „Darum schwimmt ihr immer wieder dorthin. Ihr haltet sie für eure Familie!" Sie deutete hoch zum Nachthimmel. „Folgt einfach diesem hellen Stern und ihr findet die Küste."

Die Fische schwammen dankbar um Arielle herum und herum, dann schwammen sie fort.

Arielle und Fabius tauchten hinunter zu den Nachtlilien. Sie pflückten so viele Blumen, wie sie tragen konnte.

Ein paar Minuten später sahen die Grenzwachen etwas auf sich zurasen, das aussah wie zwei leuchtende, blaue Augen.

„Es sind die Geister-Lichter!", riefen sie.

„Keine Angst! Es sind nur Fabius und ich", rief Arielle.

Die Wachen lachten erleichtert. „Prinzessin", sagte eine Wache. „Ihr solltet im Dunkeln nicht außerhalb der Grenzen unterwegs sein."

„Ich habe keine Angst vor der Dunkelheit – oder Geistergeschichten", erwiderte Arielle. „Außerdem braucht meine Schwester diese Medizin."

Arielle und Fabius eilten mit den leuchtenden Blumen zum Palast. Im Nu hatte der Doktor eine frische Tasse Nachtlilien-Tee gebraut.

Arielle brachte ihrer Schwester den Tee. Bald fühlte sich Andrina so viel besser, dass sie gar nicht mehr aufhören wollte zu reden. Sie erzählte jedem, der zuhörte, wie mutig Arielle war – und wie sie ihr geholfen hatte!

Der Gesang der Wale

„Arieeeeeelle!", rief eine Stimme aus dem leuchtend blauen Wasser. Arielle tauchte unter die Oberfläche, wo ihr Freund Fabius schon auf sie wartete.

„Hallo, Fabius", begrüßte sie ihn fröhlich. „Ist das Wasser nicht herrlich heute? Ach, du solltest mal an die Oberfläche kommen. Die Sonne fühlt sich so gut an."

Fabius lächelte und schüttelte den Kopf. „Ich glaube, ich bleibe lieber hier", antwortete er.

„Wir müssen sowieso zu Sebastian", sagte Arielle. „Ich habe ihm versprochen, dass ich heute beim Konzert singe."

Sebastian hatte ein Sonderkonzert zum ersten Sommertag angesetzt. Arielle war sich sicher, dass er schon alles aufbaute. Ganz sicher war sie sich auch, dass er sich nicht darüber freuen würde, wenn sie zu spät käme.

Seite an Seite schwammen Arielle und Fabius nach Hause. Arielle bewunderte das herrliche Korallenriff, als sie daran vorbeischwammen.

Es gibt ständig neue Dinge im Meer zu entdecken, dachte sie. Ob ich wohl noch Zeit habe, am Schiffswrack anzuhalten, bevor …

„Ah!", schrie es plötzlich hinter ihr. Fabius zitterte und hielt sich mit den Flossen die Augen zu.

„Ach Fabius, das ist doch nur ein kleiner Krebs", sagte Arielle lachend. „Du brauchst wirklich keine Angst zu haben!" Sie zog Fabius die Flossen von den Augen, während der Krebs davontrippelte.

Fabius atmete auf.

„Wir müssen wirklich mal an deiner Schreckhaftigkeit arbeiten." Arielle lächelte und versetzte ihm einen Stups mit dem Ellbogen. Sie liebte ihren Freund, aber sogar sie hielt ihn für einen ziemlichen Hasenfuß.

Arielle und Fabius schwammen weiter und kamen schließlich bei Sebastian an, der das Orchester gerade durch eins der letzten Stücke für das Konzert dirigierte. So spät war Arielle nun auch wieder nicht dran. Warum beeilte sich Sebastian so mit der Probe?

„Sebastian", sagte Arielle lachend, „wir haben noch jede Menge Zeit zum Vorbereiten."

„Aber nein, Prinzessin, die haben wir eben nicht", sagte Sebastian. „Mit dem Konzert feiern wir nicht nur den Sommeranfang, sondern wir spielen auch für die Wale."

„Für die Wale?", fragte Arielle.

„Ja. Weißt du das nicht? Die Wale kommen auf ihrer Wanderung heute in der Korallenbucht vorbei. Alle Wale! Und ich habe deinem Vater versprochen, dass dieses Konzert genau dann gespielt wird, wenn sie über uns hinwegziehen."

Sebastian plapperte weiter, aber Arielle hörte nicht mehr zu. Die Wale? Sie würde so gern mal einen Wal sehen. Aber wie sollte das gehen, wenn sie beim Konzert sang?

„Und wenn dieses Konzert nicht perfekt läuft …", sagte Sebastian gerade. „Arielle … Arielle?"

Arielle tauchte aus ihren Gedanken wieder auf. „Das Konzert wird perfekt laufen", versicherte sie ihm im Wegschwimmen.

„Wo willst du hin?", rief Sebastian.

„Ich muss nur etwas aus der Schatzgrotte holen", flunkerte Arielle rasch. „Ich verspreche, ich bin noch vor dem Konzert wieder da!" Und mit diesen Worten schwamm sie davon, Fabius im Schlepptau.

„Also, Fabius, bist du bereit für einen kleinen Ausflug zur Korallenbucht?", fragte Arielle mit einem verschmitzten Lächeln.

„Zur Korallenbucht? Aber … aber warum willst du da hin?", fragte Fabius.

„Um die Wale zu sehen", antwortete sie.

Bald erreichten sie den Rand des Riffs, wo die Korallenbucht begann.
Sogar Arielle war etwas nervös, als sie in die unbekannten Gewässer vorstieß. Und kam es ihr nur so vor oder war es hier tatsächlich kälter?

„I-ich sehe hier keine Wale", stotterte Fabius.

„Ich auch nicht …", gab Arielle etwas enttäuscht zu.

Plötzlich hörte sie etwas. Arielle lauschte angestrengt. Das Geräusch schien von weiter oben zu kommen. Je genauer sie hinhörte, desto mehr klang es nach einem Lied! Schnell schwamm sie auf das leuchtend blaue Licht zu, das durch die Meeresoberfläche drang. Das Lied wurde lauter. Da bemerkte Fabius einen dunklen Schatten unter ihnen.

Arielle schwamm zur Wasseroberfläche, um herauszufinden, woher das wunderschöne Lied kam. Aber als sie sich umblickte, sah sie nichts als das weite, flache Meer.

Sie runzelte enttäuscht die Stirn. „Ach Fabius. Hier ist nichts", sagte Arielle. „Und wir müssen bald zum Konzert zurück, sonst ist Sebastian sauer auf uns. Fabius?" Arielle sah sich um. Wo war ihr Freund hin?

Sie wollte gerade wieder untertauchen, als Fabius plötzlich neben ihr aus dem Wasser schoss.

„Da war – da war ein Hai!", schrie Fabius. „Ein Hai!"

Sie versuchte ihren Freund zu beruhigen. „Fabius, Haie kommen nicht in die Korallenbucht, das weißt du doch! Es ist zu nah am Ufer für sie", erinnerte sie ihn. Dann hielt sie erschrocken die Luft an. Etwas kam auf sie zu und es sah sehr nach einem Hai aus.

Es kam näher ... und näher ... bis es so nah war, dass Arielle eine gewaltige Schwanzflosse erkennen konnte. Arielle und Fabius staunten nicht schlecht. Es war eine Walmutter mit ihrem Baby. Und sie sangen!

„Walgesang", flüsterte Arielle.

„Es klingt wunderschön", sagte Fabius staunend – und auch erleichtert, dass es doch kein Hai war.

Arielle und Fabius ließen sich einige Augenblicke neben den Walen hertreiben. Ihnen war klar, dass sie vielleicht nie wieder einem Wal so nah sein würden.

Arielle lauschte konzentriert auf die Melodie. Dann wiederholte sie sie. Die Wale lächelten ihr zu und sangen weiter. Arielle stimmte mit ein. Die Zeit verging wie im Flug und Fabius und Arielle kamen genau rechtzeitig zum Konzert.

Als Arielles Solo an der Reihe war, entschied sie sich für eine kleine Änderung. Sie schmetterte den herrlichen Walgesang, den sie von der Walmutter und ihrem Baby gelernt hatte.

Während sie weitersang, spürte sie, wie die Strömung sich veränderte, und sie wusste, dass die Wale gerade vorbeizogen. Sie lächelte und sang noch lauter, um den Sommeranfang zu feiern und zu Ehren ihrer neuen Freunde.

Eine Hai-Überraschung

Arielle schwamm nah unter der Meeresoberfläche, als sie ein rat-a-tat-tat über sich hörte. Neugierig steckte sie den Kopf aus dem Wasser und sah ihren Freund Scuttle auf einem Felsen. Er trommelte auf etwas, das aussah wie ein Musikinstrument.

„Hey, Arielle! Sieh dir meinen Flügel-Klapper an!", rief die Seemöwe.

„Wo hast du das her?", fragte Arielle.

„Es schwamm einfach vorbei", antwortete Scuttle. „Es muss aus dem neuen Schiffswrack bei der Korallenbucht kommen."

Arielle traute ihren Ohren nicht. Ein neues Schiffswrack mit Musikinstrumenten an Bord? Sie musste es finden!

Arielle eilte nach Hause, um ihren Sammelbeutel zu holen. Als sie den Thronsaal passierte, sah sie ihren Vater mit ihren Schwestern sprechen.

„Ein großer Hai wurde in unseren Gewässern gesichtet", warnte König Triton. „Ich möchte, dass ihr alle heute in der Nähe des Palasts bleibt." Er sah Arielle direkt an. „Vor allem du", sagte er.

„Keine Sorge, Papa! Ich werde nicht weit schwimmen", rief Arielle, als sie davonschwamm.

Aber König Triton war nicht überzeugt. Er befahl Sebastian, dem Hofkomponisten, Arielle zu folgen und aufzupassen, dass ihr nichts passierte.

Arielle fand schnell ihren Freund Fabius und erzählte ihm von dem versunkenen Schiff. „Es gibt dort Musikinstrumente der Menschen!", sagte sie aufgeregt.

„Aber Arielle", unterbrach Fabius sie, „hast du nicht gehört? Da draußen schwimmt ein großer Hai herum."

„Ach Fabius, wir werden nicht weit schwimmen", sagte Arielle. „Außerdem wird der ganze Schatz fortgetrieben, wenn wir uns nicht beeilen."

„Okay", stimmte Fabius schließlich zu. „Wenn es schnell geht."

Direkt hinter der Korallenbucht entdeckte Arielle das Schiffswrack. „Da ist es!", rief sie und schwamm durch ein großes Loch im Deck. „Ist das nicht unglaublich?", flüsterte sie, doch Fabius antwortete nicht.

„Fabius?" Arielle drehte sich um. „Wo bist du?"

„Arielle, Hilfe!"

Arielle eilte zurück an Deck und fand ihren Freund gefangen in einem Fischernetz.

„Ich stecke fest", sagte Fabius und wand sich.

Arielle zog an seinen Flossen, bis ihr Freund frei war.

„Das war knapp." Fabius seufzte. „Wir sollten zurückschwimmen."

„Noch nicht", widersprach Arielle. „Wir müssen noch die Musikinstrumente finden."

Plötzlich hörten sie ein lautes KLANG aus dem Inneren des Schiffs.

„Was war das?", fragte Fabius nervös.

„Musik in meinen Ohren!", antwortete Arielle. Die beiden schwammen durch das Loch im Deck. Bald fanden sie einen schönen, großen Raum. Er war voll mit Musikinstrumenten. „Menschen müssen Konzerte hier drin abgehalten haben!", sagte Arielle und klatschte begeistert in die Hände. Es war noch viel besser, als sie es sich vorgestellt hatte.

Sie schwamm herum und sammelte manche der kleineren Instrumente ein. Fabius strich mit der Schwanzflosse an den Saiten einer Harfe entlang.

„Hey, Arielle!", rief er. „Hast du das gehört? Vielleicht lässt Sebastian mich im Orchester mitspielen."

Aber Arielle war damit beschäftigt, eine Tuba zu untersuchen. „Das ist wirklich ein seltsam aussehendes Ding", sagte sie. Sie legte ihre Lippen an und blies, so stark sie konnte. Da ploppte Sebastian heraus!

„Sebastian!", rief Arielle. „Was tust du hier?"

„Dich verfolgen, das tue ich!", sagte Sebastian. „Du kommst mit mir nach Hause, junge Dame. Sofort!"

„Arielle! Sebastian!", unterbrach Fabius sie. „Seht!" Er zeigte aus dem Fenster.

Ein gigantischer Hai starrte sie von draußen an!

KRACH! Der Hai brach durch das Fenster.

Sebastian und Fabius hatten schreckliche Angst, aber Arielle reagierte schnell. Mit ihrem Schwanz warf sie eine große Trommel direkt vor dem Hai um. Der Hai schwamm hindurch … und blieb stecken!

„Kommt!", rief Arielle und raste mit Sebastian und Fabius aus dem Raum.

Die drei Freunde schlängelten sich durch das Loch im Schiffsdeck hinaus ins offene Meer. Aber der Hai konnte sich befreien und folgte ihnen.

„Haltet euch gut fest!", rief Arielle Fabius und Sebastian zu. Sie griff ihre Freunde und begann in Loopings und im Zickzack zu schwimmen. Dem Hai wurde so schwindelig, dass er ihnen nicht folgen konnte.

Während der Hai verwirrt war, schwamm Arielle schnell in eine kleine Höhle in der Korallenbucht.

Die Freunde waren ganz still, doch ein Tamburin rutschte aus Arielles Beutel. KLANG! Der Hai hörte das Geräusch und fand sie.

„Wir sind verloren!", jammerte Sebastian.

Arielle schwamm vor ihre Freunde, um sie zu beschützen. Da bemerkte sie, wie der Hai das Tamburin musterte.

„Magst du Musik?", fragte sie vorsichtig.

Der Hai nickte und Arielle zog ein paar weitere Instrumente aus dem Beutel. „Spielt einfach mit", flüsterte sie Fabius und Sebastian zu. Sie begann zu singen, während Fabius das Tamburin spielte und Sebastian an den Saiten einer Violine zupfte.

„Bravo!", rief der Hai. „Ich liebe Musik. Vorhin wollte ich mitspielen, aber ihr seid so schnell weggeschwommen."

„Du meinst, du wirst uns nicht fressen?", fragte Fabius.

„Oh nein", antwortete der Hai. „Ich interessiere mich mehr für Musik als für Meermenschen und ihre Freunde."

„Mein Name ist Fang", stellte der Hai sich vor.

„Es freut mich, dich kennenzulernen, Fang", sagte Arielle. Dann hatte sie eine Idee. „Im Palast haben wir ein Orchester! Würdest du gern mitspielen?"

Sebastian wurde beinahe ohnmächtig!

„Ich wünschte, ich könnte", antwortete Fang mit einem Seufzen. „Aber meine Flossen sind zu kurz, um ein Instrument zu spielen. Und meine Stimme ist ganz kratzig."

„Und damit hat sich's!", sagte Sebastian erleichtert.

Aber Arielle schüttelte den Kopf. „Es muss ein Instrument geben, das du spielen kannst." Plötzlich fielen ihr die riesigen Zähne des Hais auf. „Oder ein Instrument, das du sein kannst."

Sie schnappte sich zwei Filzschlägel aus ihrem Beutel. „Lächeln, bitte", wies sie den Hai an. Als er das tat, spielte sie auf seinen Zähnen wie auf einem Xylofon. Der Klang war bezaubernd.

„Siehst du?" Arielle grinste. „Er wäre eine wunderbare Bereicherung für dein Orchester, Sebastian!"

Sebastian schüttelte den Kopf. „Arielle, der König wird niemals einen Hai im Orchester erlauben."

„Keine Sorge", sagte Arielle. „Ich denke, ich kenne einen Weg, Papa zu überzeugen."

Zurück im Palast wartete Fang draußen, während Arielle und ihre Freunde zum Thronsaal schwammen.

„Papa", begann Arielle. „Was würdest du sagen, wenn ich dir erzähle, dass wir einen wunderbaren Musiker getroffen haben?"

„Ich würde sagen, dass das wundervoll ist", antwortete König Triton. „Und wo ist diese talentierte Kreatur?"

„Er ist ein Hai!", platzte es aus Fabius heraus, als Fang auch schon hereinschwamm.

Zuerst wollte Triton den Hai NICHT im Orchester haben. Aber dann hörte er seine besondere Musik. Nachdem Arielle erklärt hatte, dass Fang keine Meermenschen fraß, stimmte der König schließlich zu.

„Ich weiß auch schon, wie wir das feiern", sagte Arielle. „Wir sollten ein besonderes Konzert mit unserem neuen Orchester-Mitglied spielen!"

An diesem Wochenende kamen alle Meermenschen des Königreichs zur Konzerthalle, um den Hai zu hören. Sie waren alle ein bisschen nervös, aber auch neugierig. Und Fang war genauso nervös wie sie.

Sebastian hob seinen Dirigentenstab. Arielle nickte Fang zu. „Zeig ihnen, was du hast!"

Der Hai öffnete sein Maul in einem weiten Lächeln. Das Publikum japste erschrocken.

Aber dann begann Arielle auf Fangs Zähnen zu spielen und jeder jubelte und klatschte. Die Musik war wundervoll!

„Danke, dass du meinen Traum wahr gemacht hast", sagte Fang nach dem Konzert zu Arielle.

Die Prinzessin lachte. „Ich bin in ein Abenteuer gezogen, um Musikinstrumente der Menschen zu finden", sagte sie. „Aber gefunden habe ich die größte musikalische Überraschung unter dem Meer!"

Die Suche nach der lila Perle

„Aaaaah!", jammerte eine Stimme im Ankleideraum in König Tritons Unterwasserschloss. Arielle, die gerade vorbeischwamm, stoppte. Sie kannte diese Stimme, es war ihre Schwester Adella – und sie klang aufgebracht!

Arielle schwamm näher und spähte in den Raum. Adella war nicht allein. Ihre Schwester Aquata war bei ihr.

„Niemand darf dich so sehen. Du hast einen schlimmen Fall von Blubbern!", sagte Aquata zu Adella. „Das kommt vom zu vielen gezuckerten Seegras essen."

„Das ‚Blubbern'?", fragte Adella. Sie drehte sich um und Arielle schnappte nach Luft.

Adellas Gesicht war mit pinkfarbenen und grünen Punkten bedeckt!

„Papa hat mich gewarnt, nicht zu viel Seegras zu essen", sagte Adella. „Wenn er mich so sieht, werde ich Ärger bekommen!" Sie hickste und pinkfarbene und grüne Blasen blubberten nach oben.

Aquata runzelte die Stirn. „Das Blubbern ist eine ernste Sache. Es gibt ein Heilmittel, aber es ist fast unmöglich zu finden – Perlenlotion, hergestellt aus einer lila Perle. Sie wachsen in den dreistreifigen Meeresaustern."

Adella wimmerte. „Fressen diese Austern nicht Meermenschen?"

„Manchmal", gab Aquata zu.

Arielle biss sich auf die Lippe. Arme Adella! Sie brauchte Hilfe!

Später in ihrer Schatzgrotte erklärte Arielle Fabius, dass sie eine lila Perle suchen würde.

„Du wirst was tun?", rief Fabius aufgebracht. „Aber der einzige Ort, wo du die herbekommen kannst, ist von einer dreistreifigen Meeresauster. Und die leben in Schwarzbarts Graben! Das bedeutet, dass du den Stacheligen-Seegras-Wald durchqueren musst."

Arielle zuckte die Schultern. „Adella braucht Hilfe. Ich kann ihnen nicht sagen, dass ich gehe, weil sie sich Sorgen machen würden. Aber jemand muss das Heilmittel besorgen. Außerdem war ich schon öfter in Seegras-Wäldern."

„In keinem wie diesem", sagte Fabius. „Dieses Seegras ist riesig!" Er schwamm im Kreis. „Es gibt eine heftige Strömung! Jeder Stängel ist mit Dornen übersät! Und die Lücken zwischen ihnen sind winzig!"

„Sei nicht so ein Feigling", sagte Arielle. Sie schwang ihren Beutel über ihre Schulter. „Kommst du?"

Fabius mochte es nicht, Feigling genannt zu werden. Also schwammen Arielle und er zusammen los, um die lila Perle zu finden.

Der Weg, der zu dem Seetang-Wald führte, war dunkel … und sehr still. Obwohl Arielle Fabius gesagt hatte, er solle keine Angst haben, bekam sie selbst langsam kalte Flossen.

Vor ihnen lag der Stachelige-Seetang-Wald. Arielle schluckte. Alles, was Fabius gesagt hatte, war wahr. Eine wilde Strömung brauste durch den Seetang. Die Abstände zwischen den Stängeln waren gerade weit genug, dass eine kleine Meerjungfrau wie sie hindurchpassen konnte. Aber das Schlimmste waren die Dornen. Jeder war 15 cm lang!

Obwohl sie Angst hatte, dachte Arielle an Adellas geflecktes Gesicht. Sie musste ihrer Schwester helfen! Mit einem Schlag ihrer Schwanzflosse schwamm sie in den Seetang-Wald. Vorsichtig glitt sie zwischen zwei Stängel. Na also, so schlimm war es gar nicht!

Sie wand sich durch drei weitere Stängel. Keine Dornen berührten sie. Sie konnte es schaffen!

„Lass mich vorschwimmen." Fabius versuchte mutig zu sein. „Ich bin kleiner als du."

„Gut mitgedacht!", sagte Arielle und folgte seinem blauen Schwanz. Bildete sie sich das ein oder standen die Stängel hier noch näher beisammen?

„Hier lang!", rief Fabius und Arielle folgte ihm. Ein Dorn kratzte ihren Arm.

Fabius zischte durch eine weitere Lücke, aber die war zu eng für Arielle. „Fabius, ich kann hier nicht durch!", rief sie.

Sein kleines Gesicht erschien in der Lüche. „Ich helfe dir." Er zog den Seetang mit seinem Mund beiseite. „Mmmmmbesssr?"

Aber es war immer noch nicht genug Platz. Arielle spürte den Sog der Strömung hinter sich. Die Strömung wurde stärker.

Arielle sah, wie der Strom die Seetang-Stängel auseinanderdrückte. Da hatte sie eine Idee. Was, wenn sie auf der Strömung ritt wie ein Delfin auf den Wellen, an den Dornen vorbei?

„Pass auf, Fabius!", rief sie. „Ich komme!"

Genau im richtigen Moment warf sie sich in das rauschende Wasser. Die Strömung trug sie direkt durch eine Lücke im Seegras. Nicht ein einziger Dorn kratzte sie!

Auf der anderen Seite stolperte Arielle Schwanz über Kopf, bevor sie sich am Anker eines Schiffswracks festhalten und stoppen konnte.

Sie strich sich das Haar aus den Augen. „Das hat Spaß gemacht!", rief sie.

Sie hatten keine Zeit zu verlieren. Arielle musste die Perle finden und zurück zu ihrer Schwester gelangen.

Die beiden schwammen, bis ein riesiger Riss den Seeboden vor ihnen spaltete. „Blackbeards Graben", flüsterte Fabius.

Arielle rückte etwas näher an den Abgrund und sah hinunter. Weit unter ihr schien es im Graben golden zu leuchten.

„Los geht's!", sagte Arielle und atmete tief ein.

Sie schwammen tiefer … und tiefer … und tiefer.

Schließlich erreichten sie den Grund von Blackbeards Graben. Überall um sie herum waren dreistreifige Meeresaustern verstreut wie Blumen in einem eigentümlichen Unterwassergarten. Ihre Schalen waren offen und in jeder von ihnen lag eine schimmernde, leuchtende Perle eingebettet!

„Sie sehen nicht sehr beängstigend aus, oder, Arielle?", fragte Fabius.

Arielle schüttelte den Kopf. Tatsächlich zählten die Austern zu den schönsten Kreaturen, die sie je gesehen hatte. Es war schwer zu glauben, dass sie jemals eine Meerjungfrau fressen würden. „Vielleicht ist es nur eine Legende", sagte Arielle. „Ich werde hineinschwimmen und …"

„Nein!" Fabius griff nach Arielles Schwanz und zog sie zurück. „Wir müssen sicher sein." Er nahm einen Zweig Treibholz in den Mund und warf ihn in die nächste Austernschale.

SCHNAPP! Die Schale biss das Treibholz entzwei!

Arielle seufzte. Wie sollte sie eine der Perlen bekommen, um ihre Schwester zu heilen, ohne sich selbst dabei zu verletzen?

Vielleicht hatte sie etwas in ihrem Beutel, was ihr weiterhelfen konnte – sie leerte ihn aus. Darin fand sie einen Dingelhopper, zwei Dingsbumse und ein Snarfblatt. Versteckt in einer Falte der Tasche lag eine lange Feder, die vorne angespitzt war. Ihr Freund Scuttle hatte es Mimbeldudel genannt.

„Das hilft uns nicht", sagte Fabius. „Wir brauchen einen Haken! Oder ein langes Seil! Oder … irgendwas!"

Doch da erschien ein Glänzen in Arielles Augen. Sie nahm die Feder. „Sei dir da nicht so sicher!", sagte sie.

Arielle band die Feder mit Seegras an das Ende eines Stocks. Sie schlich nah an eine Auster. Dann strich sie mit der Feder sanft über ihr pinkfarbenes Inneres. Arielle bereitete sich darauf vor, dass die Auster zuschnappte. Aber stattdessen erschauderte diese und begann zu zittern. Sie machte „Ha, ha, ha …"

Arielle ließ die Feder fallen und zog sich schnell zurück.

„HA-TSCHI!"

Mit einem gewaltigen Nieser schoss die lila Perle aus dem Mund der Auster direkt in Arielles Hände!

Fabius machte einen Rückwärtssalto. „Voll ins Schwarze!", rief er.

„Was heißt das?", fragte Arielle verwirrt.

Der Fisch zuckte die Flossen. „Ich weiß es nicht. Ich hab Scuttle das mal sagen hören."

Zusammen schwammen die beiden aus Blackbeards Graben hinaus und ritten auf der Strömung zurück durch den Stacheligen-Seetang-Wald. Der Ozean war immer noch dunkel und still, aber das Leuchten der lila Perle erhellte ihren Weg.

„Adella! Adella! Ich hab sie!", rief Arielle, als sie ins Ankleidezimmer schwamm. Adella und Aquata kämmten sich vor den Spiegeln die Haare.

„Du hast was, Liebes?", fragte Adella. Sie drehte sich um und … ihr Gesicht war komplett punktefrei!

„Du bist geheilt!", rief Arielle. „Aber wie? Ich habe dich und Aquata darüber sprechen hören, wie das Blubbern …"

Aquata lachte. „Oh, das Blubbern verschwindet von allein wieder", sagte sie mit einer abwinkenden Handbewegung. „Ich habe Adella nur auf den Arm genommen mit der Geschichte über die lila Perlenlotion. Du hast sie nicht auch geglaubt, oder?"

Fabius fiel die Kinnlade herunter.

Aber Arielle lächelte schnell. „Oh – ich? Die Geschichte geglaubt? Natürlich nicht!" Sie versteckte ihren leuchtenden Beutel hinter ihrem Rücken und schwamm schnell aus dem Raum.

Später holte Arielle die schöne Perle aus ihrem Beutel. Sie schimmerte hell.

Arielle zwinkerte Fabius zu. „Es wäre ohnehin eine Schande gewesen, eine Lotion daraus zu machen", sagte sie. „Ich weiß einen viel besseren Platz dafür als in einer Flasche."

Fabius grinste. Das hieß, es würde eine ganz besondere Ergänzung für Arielles Schatzgrotte geben!

Ein königliches Fohlen

Arielles neues Leben an Land hielt immer viele Überraschungen für sie bereit. Eines Tages lockte Eric sie unter einem Vorwand in den Stall. „Überraschung!", rief er. Vor Arielle stand ein süßes, kleines Fohlen, das sie mit seinen großen Augen vertrauensvoll anblickte.

Arielle war überwältigt. „Ein Fohlen!", rief sie entzückt. „Wie wunderbar!"

„Er gehört dir", erklärte Eric mit einem Lächeln. „Sein Name ist Beau."

Arielle und Beau wurden sofort beste Freunde. Sie schenkte ihm ein funkelndes Halfter, an dem sie ihn überall mit hinnehmen konnte.

Sie striegelte ihn mit einer diamantbesetzten Bürste, bis sein Fell nur so glänzte.

„Sieht er nicht wunderschön aus?", fragte Arielle Eric.

„In der Tat!", stimmte Eric ihr zu.

Währenddessen saß die Möwe Scuttle, Arielles langjähriger Freund, auf einem Baum und beobachtete die Szene. „Ganz fantastisch!", sagte er zustimmend.

Arielle spielte den ganzen Tag mit ihrem neuen Freund. Als es Abend wurde, konnte sie es nicht übers Herz bringen, Beau allein im Stall zu lassen.

„Es ist bestimmt besser, wenn du heute Nacht bei uns im Schloss schläfst", sagte sie. „Nur dieses eine Mal."

Grimsby und die anderen Bediensteten waren ziemlich überrascht, als Arielle mit Beau im Schloss stand. „Oje", seufzte Grimsby. „Ein Pferd im Haus?"

„Es ist nur für eine Nacht", beruhigte ihn Arielle. „Mach dir keine Sorgen."

Vor dem offenen Kamin errichtete sie Beau ein gemütliches Nachtlager. „Gute Nacht, kleiner Beau." Dann gab sie ihm einen Kuss und deckte ihn behutsam zu.

Der nächste Tag begann düster und regnerisch. Arielle schaute aus dem Fenster und führte Beau dann in den Speisesaal. „Dieses Wetter ist nichts für Baby-Pferde", sagte sie zu Eric. „Ich glaube, es ist besser, wenn er drinnen bleibt und mit uns frühstückt."

Rasch hatte der Koch einen großen Napf für das hungrige Fohlen besorgt. Arielle, Beau, Eric und Erics Hund Max genossen ihr Frühstück, während der Regen an die Fensterscheiben prasselte.

Nach dem Frühstück regnete es noch immer, also nahm Arielle Beau mit ins Thronzimmer. Die beiden hatten viel Spaß zusammen und Beau benahm sich vorbildlich.

Schließlich hatte er die Vase nur aus Versehen zerbrochen …

Genauso wie er die Hufspuren auf dem frisch gewischten Boden hinterlassen hatte …

Oder die Pflanzen angeknabbert.

Die Monate vergingen und Arielle und Beau waren unzertrennlich. Beau schlief weiterhin im Schloss, aß im Speisesaal und wich Arielle nicht von der Seite. Schon bald hatten sich die Stadtbewohner daran gewöhnt, die beiden nur im Doppelpack zu sehen.

Arielle hatte es gern, dass Beau immer an ihrer Seite war. Er war nicht nur süß, sondern auch ziemlich schlau. Sie schenkte ihm sein eigenes Kissen und brachte ihm bei, darauf zu sitzen.

Und schon bald konnte er mehr Kunststücke als Max.

Ganz egal was er machte, sobald Arielle ihn rief, war er zur Stelle.

„Du musst aufpassen", warnte Sebastian Arielle eines Tages. „Nicht mehr lange und er hat vergessen, dass er eigentlich ein Pferd ist!"

Arielle lachte. „Sei nicht albern", sagte sie zu Sebastian.

„Außerdem ist Beau noch kein großes Pferd, er ist immer noch ein Baby."

Beau war noch immer jung, aber er wuchs schnell. Bald war es nicht mehr so einfach für ihn, Arielle überallhin zu folgen.

Kurze Zeit später hielten auch die Möbel im Schloss Beaus Gewicht nicht mehr stand. Doch Arielle machte sich keine Sorgen. Sie war einfach glücklich so viel Zeit mit ihrem süßen Fohlen zu verbringen.

Der Koch war allerdings nicht begeistert. Er hatte keine neuen Gerichte mehr, die er dem Fohlen vorsetzen konnte. „Dafür habe ich doch nicht meine Ausbildung gemacht", beschwerte er sich, während er Beau eine Kreation aus Heu, Äpfeln und Karotten servierte.

Eines schönen Tages war das ganze Schloss auf den Beinen, um alles für eine besondere Feier vorzubereiten. Die Königin und der König eines befreundeten Königreichs hatten sich zu einem Besuch angekündigt. Arielle und Eric wollten gute Gastgeber sein und versuchten alles perfekt vorzubereiten.

Und zunächst schien der Besuch auch rundum gelungen. Die Königin und der König waren sehr freundlich, als Arielle und Eric ihnen eine Schlossführung gaben.

„Was für ein bezauberndes Schloss", sagte die Königin. „Mit einem traumhaften Ausblick."

„Wie recht du hast", pflichtete der König ihr bei. „Und es ist so wunderbar friedlich und schön hier."

„Wirklich sehr friedlich", stimmte die Königin zu.

Doch mit dem Frieden war es bald vorbei. Plötzlich galoppierte Beau durch den Thronsaal und rannte dabei fast die Gäste um.

„Ach herrje!", rief Arielle panisch. „Beau, hör sofort auf damit!"

Sie wusste zwar, dass Beau niemandem etwas Böses wollte, aber für die Gäste sah das ganz anders aus. Wie viele Schlossherrn erlaubten ihren Pferden wohl, im Thronsaal zu spielen? Beau war nun fast erwachsen und er war eindeutig zu groß, um weiterhin im Schloss zu leben.

„Ich bin untröstlich", versicherte Arielle den königlichen Gästen. „Beau weiß es einfach nicht besser. Es ist alles meine Schuld."

Aber die Königin und der König schienen überhaupt nicht böse zu sein. „Das ist schon in Ordnung, meine Liebe", sagte die Königin. „Nichts passiert."

„Dem kann ich nur zustimmen", pflichtete ihr der König bei. „Wir lieben Pferde. Und das erinnert mich auch an unser Geschenk für euch. Bitte folgt uns nach draußen."

Arielle und Eric waren überrascht, mit einem Geschenk hatten sie nicht gerechnet. Sie folgten ihren Besuchern nach draußen, gefolgt von Beau.

„Überraschung!", rief die Königin. „Wir hoffen, sie gefällt euch!"

Arielle stockte der Atem. Auf dem Schlosshof stand ein wunderhübsches, kleines Pferd.

Beau begrüßte die Stute und die beiden wurden auf der Stelle beste Freunde.

„Sie ist wunderschön", sagte Eric zu den Besuchern. „Vielen Dank – Arielle und ich fühlen uns durch euer großzügiges Geschenk sehr geehrt."

Arielle lächelte, als sie die Pferde beim gegenseitigen Beschnuppern beobachtete.

Schon bald grasten die beiden jungen Pferde zusammen auf der Weide. Und nachts schlief Beau nun draußen und kam nicht mehr in den Palast.

„Siehst du?", sagte Arielle mit einem Lächeln. „Ich wusste, Beau würde irgendwann verstehen, dass er ein Pferd ist."

Von diesem Moment an verhielt sich Beau fast immer wie ein richtiges Pferd. Mit Arielle im Palast zu leben war für eine Weile schön gewesen, aber das Pferdeleben machte auch Spaß – besonders nachdem er groß genug war, um mit Arielle auszureiten. Arielle gefiel es so auch besser. Beau war ein tolles Haustier gewesen, aber er war ein absolut perfektes Pferd.

Arielles Nachtlichter

Prinzessin Arielle lebte gern an Land. So lange hatte sie die Menschenwelt aus der Ferne betrachtet. Und nun war sie ein Teil von ihr und lernte jeden Tag etwas Neues!

Eines Abends beschlossen Arielle und Prinz Eric den Nachtisch auf ihrem Balkon zu essen. Für Eric war es eine ganz normale, friedliche Nacht. Aber für Arielle barg die Nacht an Land lauter faszinierende neue Anblicke.

„Die Nacht ist hier ganz anders als unten im Meer", sagte Arielle zu Eric.

„Wie meinst du das?", fragte Eric.

Arielle lächelte. „Unter den Wellen sind die einzigen Lichter, die wir haben, leuchtende Quallen und das bisschen Mondlicht, das von der Oberfläche heruntersickert", erklärte sie. „Aber hier an Land habt ihr Feuer, mit denen ihr die Nacht erhellen könnt!"

Eric lächelte. „Feuer ist nicht das Einzige an Land, was die Nacht erhellt", sagte er. „Ich weiß noch etwas anderes, was dir ganz sicher gefällt."

Eric löschte die
Fackeln und der
Balkon lag im Dunkeln –
aber es war nicht ganz dunkel.
Arielle riss die Augen auf, als sie ein paar kleine Funken durch die
Luft flitzen sah. Als die Fackeln noch brannten, hatte sie sie gar nicht
sehen können.

„Was ist das?", rief sie. Sie sind viel kleiner als die Quallen, die wir
im Meer haben."

Prinz Eric gluckste. „Das sind Glühwürmchen", erklärte er. Er fing eins und öffnete seine Hand, damit Arielle es sich ansehen konnte. „Siehst du? Sein Körper leuchtet."

Vorsichtig griff Arielle nach dem Glühwürmchen und japste entzückt, als es wieder aufleuchtete. Dann flog es von Erics Hand. Bald war es zwischen Dutzenden anderer Glühwürmchen verschwunden.

„Sie sind zauberhaft", sagte Arielle. „Sie bewegen sich so leicht durch die Luft wie Fische durchs Wasser."

„Erinnert dich denn alles hier an Fische?", neckte Eric sie.

Arielle lachte. „Nicht alles", erwiderte sie. „Eigentlich erinnern mich diese Glühwürmchen an etwas ganz anderes."

Arielle zeigte nach oben. Unzählige winzige Lichtpünktchen funkelten dort.

„An die Sterne?", riet Eric.

„Genau", sagte Arielle. „Glühwürmchen sehen aus, als könnten sie winzige Sterne sein, die auf die Erde gekommen sind, um dort zu leben – genau wie ich!"

Eric hob die Augenbrauen. „So habe ich das noch nie betrachtet."

„Zu dumm, dass so viel Licht aus dem Palast kommt", sagte Arielle. „Da sieht man die Sterne gar nicht richtig."

„Wie meinst du das?", antwortete Eric. „Da stehen doch jede Menge Sterne am Himmel."

„Nicht so viele, wie ich sehen konnte, wenn ich heimlich an die Meeresoberfläche schwamm", erzählte Arielle. „Wahrscheinlich sieht man sie da draußen besser, weil es so viel dunkler ist."

„Da hast du sicher recht", pflichtete Eric ihr bei. „Selbst wenn ich jede Fackel im Schloss löschen würde, käme immer noch Licht aus dem Dorf und den Höfen ringsherum."

„Dann gehen wir irgendwohin, wo es keine Dörfer und keine Höfe gibt", schlug Arielle vor. „Ich möchte die Sterne sehen – alle!"

Eric wirkte überrascht, aber er nickte. „Ich rufe eine Kutsche."

Nachdem die Kutsche kam, kletterten Eric und Arielle hinein und hatten schon bald das Schloss hinter sich gelassen. Die Kutsche fuhr durch das Dorf und über einen gewundenen Pfad weiter aufs Land hinaus. Sie kamen an mehreren Höfen vorbei, die Tiere schliefen schon auf den Weiden. Je weiter sie sich von den Lichtern des Dorfes entfernten, desto dunkler wurde die Welt um sie herum. Schließlich hielt die Kutsche auf dem größten Hügel an.

Arielle sprang hinaus und sah sich um. Weit, weit unter sich konnte sie gerade eben noch das schwache Leuchten des Schlosses am Horizont ausmachen. Aber das Licht drang nicht bis zu ihnen in die Hügel herauf.

Arielle drehte sich langsam im Kreis und sah zum Nachthimmel hoch. Hier schien es noch mehr Sterne zu geben, als sie vom Meer aus gesehen hatte.

„Oh, Eric, das ist der perfekte Ort!", rief sie.

Zusammen gingen sie durch das weiche Gras und Eric breitete eine Decke aus.

Arielle setzte sich darauf und blickte zum Himmel empor. „Sieh nur", sagte sie zu Eric. „Jetzt können wir alle Sterne sehen."

Eric legte sich auf den Rücken, verschränkte die Arme hinter dem Kopf und betrachtete den Nachthimmel. „Du hattest recht, Arielle", sagte er. „Ich habe noch nie so viele Sterne gesehen! Das sind ja unzählbar viele!"

Arielle sah ebenfalls hoch. „Es ist so schön, die Sterne betrachten zu können", sagte sie. „Als ich im Meer lebte, durfte ich nicht an die Oberfläche. Also konnte ich mir den Himmel nie so genau ansehen. Sieht diese Gruppe von Sternen da drüben nicht aus wie ein Schiff?"

„Ja, wirklich!", sagte Eric. „Und die da könnten ein Hund sein und da drüben erkenne ich einen Dreizack wie den deines Vaters …"

Arielle zeigte auf eine andere Gruppe von Sternen. „Die da sehen aus wie mein Freund Sebastian!", sagte sie.

Lachend zeigten Arielle und Eric sich gegenseitig immer neue Sternbilder. Plötzlich schien einer der Sterne vom Himmel zu fallen! Überrascht schnappte Arielle nach Luft.

„Hast du das gesehen?", rief sie. „Der helle Stern da drüben – er bewegt sich! Sieh mal! Da ist noch einer!"

„Das sind keine Sterne", erklärte Eric. „Das muss ein Meteorschauer sein."

Arielle betrachtete die Sternschnuppen. „Sie sind wunderschön", sagte sie. „Ich hatte wohl doch recht."

Eric sah sie an. „Womit hattest du recht?"

Arielle lächelte und die funkelnden Sterne spiegelten sich in ihren Augen. „Die Sterne wollen wirklich auf die Erde kommen!"